AF224758

CONFÉRENCE

SUR

LA RÉFORME FISCALE

FAITE A PARIS-PASSY

Le Lundi 2 mars 1874

PAR

M. MENIER

MANUFACTURIER

PARIS

E. PLON et Cie, ÉDITEURS | GUILLAUMIN et Cie, ÉDITEURS
10, rue Garancière | Rue Richelieu, 14

1874

CONFÉRENCE

SUR

LA RÉFORME FISCALE

Messieurs,

Plusieurs d'entre vous, vivement préoccupés de notre situation budgétaire, m'ont fait l'honneur de me demander comment je comprenais la réforme fiscale. Je m'empresse de répondre à leur désir, et je vais m'efforcer, dans une rapide causerie, de résoudre le grave problème qui s'impose, en ce moment, à l'attention de tous les hommes soucieux de la prospérité de leur patrie, et qui peut se résumer en ces termes :

Trouver le meilleur moyen de prélever, avec le moins de frais possible, l'argent nécessaire à l'alignement de notre budget, sans nuire à la production.

Je ne viens point vous dire ici que nous n'avons pas besoin d'argent; que l'État peut s'en passer; que nous pouvons supprimer les budgets.

Non, je n'ai pas trouvé ce moyen.

Messieurs, je n'ai point de secret pour opérer de pareils miracles. La guerre nous a forcés d'emprunter près de 7 milliards, sans compter la dette à la Banque. N'oublions pas que nous avons à en payer les intérêts et que nous devons songer à constituer un amortissement sérieux. N'avons-nous pas à refaire notre armement? Et M. d'Audiffret-Pasquier n'a pas fixé à moins de 1,500 millions la somme nécessaire à cette œuvre. N'avons-nous pas enfin de nombreuses dépenses nécessitées par l'instruction, par les travaux publics, les ponts, les canaux, les chemins de fer départementaux? Tout cela exige beaucoup d'argent. Toute lésinerie sur ces matières est une perte.

Je ne suis point partisan de telles économies. Je vous dis très-franchement : — Il faut de l'argent à l'État, il lui faut beaucoup d'argent.

Maintenant, ce que je viens chercher avec vous, c'est le moyen de procurer, avec la plus grande économie possible, tout cet argent à l'État, aux départements et aux communes, de manière que, non-seulement, les intérêts particuliers en souffrent le moins possible, mais encore puissent se développer sans obstacles.

Voilà toute la question.

Nous sommes volontiers comme les malades. Oh! quand ils souffrent, alors ils envoient chercher le médecin. Le médecin est pour eux un sauveur; ils lui donneraient le quart, la moitié, les trois quarts de leur fortune. Quand ils se croient guéris, revenus à la santé, la note du médecin est la dernière dette qu'ils songent à acquitter.

Messieurs, il en est de même pour les contribuables. Pendant la guerre, j'entendais des gens dire de très-bonne foi : — Je donnerais bien 10 et même 20 p. 100 de ma fortune pour sauver la France et lui permettre de se relever.

Alors chacun s'attendait à voir les quatre contributions directes surchargées de centimes additionnels, et était tout disposé à s'y résigner sans murmure.

Puis, le danger passé, on oublie peu à peu cette belle générosité, ce beau désintéressement.

Bien plus, on a l'espoir plus ou moins vague que tout est fini, et chacun espère sortir de ces embarras... en faisant faire les sacrifices nécessaires par son voisin : on espère ne point payer soi-même. On a peur qu'une réforme quelconque aggrave votre charge personnelle! On accueille avec méfiance tout nouveau projet, et souvent on étend même cette méfiance à celui qui le présente.

On s'endort dans une douce quiétude jusqu'à ce qu'on se réveille au milieu de quelque crise aussi effroyable qu'inattendue.

Eh bien ! Messieurs, nous ne vous demandons pas cependant de donner au fisc 20, 10 p. 100 de votre fortune; nous ne vous demandons même pas 5 p. 100 : ce serait une révolution et non pas une réforme. Nous vous demandons seulement de commencer, en ce moment, par vous imposer un sacrifice de 1 p. 1,000, qui pourvoirait au plus pressé et qui équilibrerait le budget sans nuire au développement de la richesse.

En un mot, ce que je propose immédiatement, c'est un essai de l'impôt sur le capital au taux de 1 franc pour 1,000 francs; 10 francs pour 10,000 francs; 100 francs pour 100,000 francs, etc.

Il y a donc bien loin de là aux 20, aux 10 p. 100 dont on eût fait si aisément le sacrifice pendant la guerre.

Messieurs, lorsque je fixe cette somme, je prends la fortune de la France telle qu'elle est évaluée aujourd'hui. Mais la fortune de la France ne doit pas rester stationnaire. Par conséquent, plus elle augmenterait, plus la part prélevée par l'impôt serait faible, d'autant plus qne la taxe diminuera au fur et à mesure de l'amortissement.

Elle serait d'autant plus faible que l'impôt sur le capital, débarrassant l'industrie de toutes ses entraves, donnant toute liberté à l'emploi des capitaux, permettra d'agir avec une vigueur qui nous a manqué jusqu'ici.

Alors même que les frais généraux de la France augmenteraient, qu'importe si les revenus de la France doublent et quadruplent ?

Si nous pouvions produire 30 milliards au lieu de 15, qu'importe que nous payions 4 milliards au lieu de 3 ! Si, des 15 milliards, nous prélevons 3 milliards, il reste 12 ; si de 30 nous prélevons 4, il reste 26 ; le revenu net du pays se sera ainsi accru de 14 milliards. Donc ce serait un bien faible sacrifice pour un pareil résultat ! Et agir ainsi, ne serait-ce pas se comporter en bon commerçant ?

Certes, je ne suis pas partisan des dépenses inutiles ; au contraire, il faut que les budgets ne soient employés qu'à des dépenses reproductives, autant que possible. Mais ce que je veux bien constater, c'est que nous avons moins à nous préoccuper de leur augmentation que du développement de notre industrie.

Nous avons moins à nous préoccuper du chiffre de l'impôt que des entraves que sa répartition et sa perception peuvent apporter à la production.

Eh bien! cette question peut-elle être résolue d'une manière précise, rationnelle, avec une certitude scientifique?

Je n'hésite pas à vous répondre : — Oui, Messieurs, cette question peut être résolue.

Pour y arriver, il suffit de voir ce qui se passe autour de nous.

Je vous parle, Messieurs, en homme pratique, avec l'expérience que donnent les affaires commerciales.

J'ai été appelé, pour un département voisin, à m'occuper de la Réforme fiscale à propos des indemnités dues aux victimes de la guerre.

En regardant autour de moi, je me suis dit : — Qu'est-ce que je ferais, moi, commerçant, si la France était ma propriété?

Elle n'est pas ma propriété : elle n'est la propriété de personne. Mais qu'est-ce donc que le gouvernement?

Engagé dans cette voie, peu à peu, de raisonnements en raisonnements, j'en suis arrivé à m'apercevoir que le gouvernement était tout simplement le gérant d'un syndicat composé de 86 parcelles qu'on appelle départements, subdivisés eux-mêmes en 362 arrondissements, qui sont subdivisés encore en 2,700 cantons et 36,000 communes, dont tous les intérêts sont solidaires.

Je suppose que je suis le gérant de ce syndicat. Comment ferais-je?

Voilà la question que je me suis posée.

J'ai encore regardé autour de moi. Il y a des syndicats qui se sont formés dans certains endroits; aux environs de Paris, au Raincy, à Maisons-Laffitte, au Vésinet; à Paris même, dans certains passages, dans certaines cités, par exemple. Chaque propriétaire paye pour l'établissement et l'entretien des chemins, des égouts, pour l'éclairage, pour l'eau, pour la garde, une somme proportionnée à la valeur de sa parcelle.

Alors, étendant ce fait particulier à l'ensemble de la nation, j'ai cherché quelles étaient les définitions de l'impôt données jusqu'à présent par les économistes.

Je dois vous l'avouer, Messieurs, aucune ne m'a satisfait.

Voici la mienne :

L'impôt représente la mise en valeur et les frais généraux d'exploitation du capital national.

Mais sur quoi le prélever ? J'ai encore procédé en allant du particulier au général. J'ai regardé ce que je faisais moi-même, et j'ai trouvé immédiatement la réponse :

L'impôt, représentant la mise en valeur et les frais généraux de l'exploitation du capital national, doit être prélevé sur le capital.

Mais l'État n'a pas de fortune propre : sa fortune se compose de la fortune nationale, de la fortune générale du pays. C'est donc à cette fortune acquise, au capital, en un mot, qu'incombe le devoir de supporter les charges publiques.

Il y a une question dont on ne se préoccupe pas assez : c'est l'incidence de l'impôt.

On frappe le besoin, la consommation, le pauvre : si vous objectez l'injustice, la cruauté et le danger de cet impôt, on vous répond : — Qu'importe ? faire payer par le producteur ou le consommateur, c'est toujours la même chose. Ce sera toujours le consommateur qui payera.

Non, Messieurs, ce n'est pas la même chose.

Si vous frappez directement le besoin, il y a alors une répercussion violente de bas en haut, qui se traduit par des coalitions, des grèves, des colères, des émeutes, des révolutions ! L'impôt venant s'interposer entre le besoin immédiat et l'objet destiné à le satisfaire, provoque la misère ou tout au moins l'aggrave, la rend plus dure et plus âpre. En frappant les objets indispensables à la consommation, il affaiblit les forces du travailleur, il abâtardit ses enfants : car il ne faut pas l'oublier, Messieurs, l'alimentation est au travailleur ce que la houille est à la machine à vapeur.

Ne donnez à la machine à vapeur qu'une quantité de houille insuffisante, et elle ne produira qu'une partie de son effet utile.

C'est pour cela que je pose en principe que : *De l'incidence de l'impôt dépend la prospérité ou la ruine d'un pays.*

J'attire votre attention sur cette question qu'on a trop négligée. Si nous examinons ce qui se passe parmi nous, il est impossible de ne pas reconnaître que la répercussion de l'impôt se fait de bas en haut et qu'aucune règle n'existe pour en modérer les effets.

Certes, personne ne contestera qu'il est plus

facile de descendre le courant d'un fleuve que de le remonter. Dans le premier cas, tous les efforts profitent. Dans le second, on s'épuise pour ne produire qu'un faible effet utile.

Il en est de même pour l'impôt : il ne faut pas remonter du besoin à la richesse.

Quand on remonte du besoin à la richesse, cette répercussion n'est réglée par aucune loi économique, tandis que si l'incidence est déplacée, la répercussion se fait de haut en bas, en suivant naturellement la loi si incontestable de l'offre et de la demande.

Et faites bien attention à ceci, Messieurs : le grand avantage de l'impôt sur le capital, c'est qu'il ne frappe jamais que la richesse acquise. Il épargne, il n'atteint pas la richesse en formation.

Puis, lorsqu'il frappe cette richesse acquise, lorsqu'il frappe le capital, il l'affranchit en même temps. Vous payez tant aujonrd'hui pour votre capital. Ensuite vous pouvez en faire ce que bon vous semble, sans craindre qu'une nouvelle forme d'impôt ne vienne ruiner votre industrie; sans avoir à compter avec l'inquisition des agents du fisc; sans être enfin, à chacun de vos efforts, arrêtés par des impôts qui semblent les successeurs des anciens péages.

Les impôts sur la circulation! tenez, voici l'effet qu'ils produisent.

Il m'est arrivé quelquefois à la campagne d'observer une fourmilière. C'est là l'idéal d'une bonne société. Chaque insecte y travaille avec ardeur.

Eh bien! je me suis quelquefois amusé, — ce qu'il ne faut pas dire à la Société protectrice des animaux, — je me suis quelquefois amusé à creuser de petits fossés, à élever de petits obstacles pour gêner la marche des fourmis.

Alors je voyais les malheureuses obligées de faire d'immenses efforts pour triompher de ces obstacles. Certaines étaient obligées d'abandonner leurs fardeaux. Elles ne pouvaient plus faire qu'un voyage là où auparavant elles en faisaient trois, quatre, et même davantage.

Que sont, Messieurs, les douanes, les octrois, tous les impôts sur la circulation? Ce sont les obstacles élevés sur le chemin de la grande fourmilière humaine. Ce sont les barrières qui l'arrêtent dans son œuvre et qui la forcent de ne faire qu'une faible partie du travail qu'elle eût accompli sans ces barrières.

On se rend mal compte des terribles effets que provoque le moindre arrêt dans la circulation. On aurait dû pourtant, par l'observation des crises commerciales, comprendre que toute entrave apportée à la circulation provoque les plus grandes perturbations dans le commerce. Il y a là une série d'effets qu'on a mal observés et dont on n'a pas assez tenu compte jusqu'à présent. Par une singularité remarquable, on profitait du développement de la circulation : on essayait de l'augmenter; on en constatait, on en ressentait les effets bienfaisants. En même temps, par une singulière contradiction, on l'arrêtait par des impôts multipliés.

Cela vien de notre empirisme. Par paresse d'esprit, nous négligeons de grouper les faits qui se passent sous nos yeux, que nous provoquons nous-mêmes : nous ne les voyons qu isolés, et c'est pour cela que nous n'avons pas encore constaté que la *production de la richesse est en raison géométrique de la rapidité de la circulation.*

Mais, par une conséquence fatale, si la production est en raison géométrique de la rapidité de la circulation, tout obstacle à la circulation provoque, dans la production, un arrêt représenté par une progression géométrique.

Messieurs, savez-vous à quoi on arrive avec les contributions indirectes, les taxes sur la circulation, les menaces perpétuelles d'impôts sur la production et la consommation?

On arrive à chasser l'industrie de France au moment ou il faudrait l'y attirer et l'y appeler.

Il y a des industries qui se sont transportées au dehors sur une grande échelle : la confiserie, les fruits confits, les soieries, la filature du coton, l'impression sur étoffes, l'imprimerie, etc. D'autres, comme la raffinerie, menacent de suivre cet exemple. Ce symptôme est grave, Messieurs. On abandonne ainsi peu à peu son pays. Des succursales, établies timidement, avec hésitation, à l'étranger, peuvent quelquefois devenir le principal établissement, si les causes qui les ont fait fonder persistent ou s'aggravent. Peu à peu un courant d'émigration s'établit.

Et ces impôts, qui rejettent ainsi l'industrie française en dehors de la frontière, aboutissent à quoi? Aux mêmes effets que la révocation de l'édit de Nantes, qui a fait perdre au pays ses meilleurs ouvriers et ses plus actifs industriels.

Il est vrai qu'au point de vue de l'exportation, on parle bien des drawbacks.

Mais quelle sécurité peuvent-ils présenter,

quand leur suppression dépend de la volonté d'un ministre?

Comment peut-on entreprendre avec une pareille incertitude des opérations sérieuses et à long terme?

Partout où il n'y a pas sécurité pour l'industrie de n'être pas troublée dans ses combinaisons, le jeu, la spéculation aléatoire remplacent la spéculation sérieuse. On agiote au lieu de produire.

Mais la circulation est-elle seulement entravée à la frontière? Est-ce que nous n'avons pas des douanes placées à l'entrée de chacune de nos villes sous le nom d'octrois?

Voilà, à coup sûr, un excellent moyen pour attirer l'industrie, le commerce chez soi ! On dresse une barrière devant eux !

Mais, Messieurs, — et ici je m'étends d'autant plus volontiers sur cette question, que j'ai l'honneur de parler devant des conseillers municipaux, — qu'auraient à faire les propriétaires d'une ville?

Ils auraient à se réunir en syndicat ; ils feraient tous les frais d'entretien de la ville. L'impôt serait prélevé au prorata de la valeur des immeubles.

Il n'y aurait plus d'octrois.

Je n'ai pas besoin d'être prophète pour prédire ce qui arriverait : aussitôt l'affluence augmenterait, l'industrie se développerait. Enlevez les octrois de Paris ; mais il y aura des étrangers qui viendront y faire des économies et y laisseront les leurs ! Au lieu de dix-huit cent mille habitants, il en y aura peut-être le double !

Je dis aux propriétaires : — Messieurs, ce sera votre intérêt, car vos loyers monteront... Je dis aux locataires : — Ne vous effrayez pas de cette hausse, Messieurs, car vous aurez votre vin, vos vivres dégrevés de toute la portion que prélève l'octroi en ce moment. De plus, il y aura à Paris une affluence d'affaires qui n'y viennent pas actuellement.

Parmi les objections qu'on adresse à l'impôt sur le capital, on dit : — Mais vous chasserez les capitaux de la France ! vous les chasserez à l'étranger !

Messieurs, ma prétention peut paraître bien ambitieuse : mais je prétends, au contraire, que je les attire.

Que faut-il aux capitaux ? — De la sécurité. L'impôt sur le capital la leur assure.

Que faut-il aux capitaux ? — De l'emploi. Et comment peuvent-ils trouver cet emploi ? Par la

*

liberté ! L'impôt sur le capital donne cette liberté.

Rappelons-nous que les capitaux suivent toujours le travail ; ils n'ont réellement de valeur que par le travail.

Si vos impôts sur la circulation chassent l'industrie, ils chassent les capitaux.

Par réciprocité, si l'impôt sur le capital favorise le développement de l'industrie, il les attire.

On a longtemps parlé de protection de l'industrie. Messieurs, il y a une seule protection nationale : c'est la liberté ! Donnez à l'industrie une complète liberté d'action, elle saura bien se protéger elle-même.

En ce moment, elle est entravée par les taxes variables et multiples qui viennent la frapper sous mille formes diverses : douanes, octrois, timbre, enregistrement, et toutes les autres taxes sur la circulation.

Bien plus, la propriété immobilière elle-même n'est pas libre.

Et du moment que la propriété n'est pas libre, elle n'est pas une propriété complète : car quel est l'effet le plus net du droit de propriété ? C'est d'user librement de ma propriété ; si je ne peux pas en user librement, je ne suis donc pas complétement propriétaire.

Ainsi j'ai un cheval : je veux vendre mon cheval. Rien de plus facile, je trouve un acquéreur et je le lui livre ; je me sens complétement propriétaire de ce cheval que je puis échanger si facilement.

J'ai, au contraire, une terre de 100,000 francs, je veux la vendre, mais alors intervient le fisc, qui me dit : — Fort bien ! mais tu me dois 7,000 fr. de droits. Paye-moi ces 7,000 francs, c'est-à-dire deux années du revenu de cette terre, si tu veux avoir le droit de la vendre. En réalité, je ne suis donc propriétaire que de 93,000 francs. N'est-ce pas là une grave entrave à la circulation ?

Mais il y a toujours un double effet qui se produit. Si mon acquéreur vend une terre du même prix pour se procurer la mienne, c'est un échange qui coûte 14,000 francs. Multipliez cet échange, et voyez à quelle perte énorme on arrive. Devant de pareils droits, en présence d'une telle progression, on hésite à acheter, on hésite à vendre, on hésite à échanger une terre qui ne convient pas contre une terre qui vaudrait mieux. La terre étant maintenue ainsi dans l'immobilité, sa valeur vénale n'augmente pas comme elle pourrait le faire. Si une propriété était libre, au contraire, elle vaudrait 25, 30, 40, ... pour 100 de plus. On voit quelle perte énorme occasionne à la richesse tout obstacle apporté à sa transmission, à sa libre circulation.

Messieurs, quand je parle de l'impôt sur le capital, les ignorants, les routiniers, me considèrent comme une sorte de partageux. Non! je n'attaque pas ceux qui possèdent : je m'attaquerais moi-même.

Mais si je n'attaque pas ceux qui possèdent, je ne veux pas non plus qu'ils aient de priviléges.

Or, on le dit bien haut : La Révolution de 1789 a détruit les priviléges; il n'y a plus de priviléges depuis la nuit du 4 août !

Hélas ! il ne faut pas se leurrer de cette illusion. Quant à moi, je le dis franchement et sans hésitation : Oui, il y a encore des priviléges : oui, l'impôt, au lieu d'être prélevé sur la richesse, est prélevé sur le besoin, « sur le vêtement, sur la faim, sur la soif », comme me l'écrivait énergiquement un économiste mort dernièrement, M. Benard.

Oui, l'impôt, au lieu de demander des ressources à la richesse acquise, demande des ressources à la richesse en formation ! Ils sont donc privilégiés ceux qui, ayant une fortune acquise antérieurement, ne font pas eux-mêmes tous les frais de la mise en valeur et de l'exploitation de cette fortune.

Sous le système actuel, ce sont ceux qui travaillent, et qui ne sont pas encore arrivés à l'accession de la richesse, qui couvrent une grande partie de ces frais. Le fisc se présente à tout instant, devant eux, sous toutes les formes. Il les atteint dans tous les actes de leur vie. Il frappe chacune de leurs consommations. Il se place, par l'octroi, par les contributions indirectes, entre eux et la viande qu'ils mangent, entre eux et le vin qu'ils boivent. Plus leurs moyens sont limités, plus grande est la part du fisc. C'est non-seulement la proportionnalité, c'est la progression à rebours.

Je dis que là, Messieurs, il y a un privilége pour la richesse, que ne cessent d'agrandir et d'étendre toutes nos lois fiscales. Est-ce que depuis 1870, ce n'est pas aux impôts indirects qu'on a demandé les ressources nécessaires à l'équilibre du budget ? Est-ce que, dans les évaluations du budget de 1874, ces impôts ne se sont pas élevés de 1322 millions à 1955, soit une augmentation de 633 millions? Est-ce que ce ne sont pas eux que visent tous les projets fiscaux proposés et débattus à l'Assemblée nationale?

Je dis, pour mon compte, qu'il est temps de réagir contre cette tendance, qu'il est temps de mettre une borne à ces impôts, dont la charge est chaque jour plus lourde pour le pauvre.

Et en parlant ainsi, soyez bien persuadés que je ne cherche pas une popularité de mauvais aloi. J'ai l'habitude d'aborder les questions en face; je ne flatte et je ne veux flatter personne. Je m'adresse aux esprits sincères qui sont à la recherche de la vérité, et je la dis telle qu'elle se présente, sans l'exagérer, mais aussi sans l'atténuer.

Eh bien, Messieurs, il y a là une question de justice.

Quoi donc, est-ce le plus faible qui doit porter le plus lourd fardeau?

Il y a là encore une question de patriotisme, d'intérêt national. Si nous voulons que la France se relève, — car la France, quoique abattue, n'est pas morte! — il faut que nous puissions tous développer librement nos facultés et nos forces. Il faut que le peuple, la foule, ouvriers, petits commerçants, petits industriels, petits cultivateurs, puissent librement améliorer leur position. Il faut qu'ils trouvent la route ouverte devant eux et non hérissée de barrières et coupée de fossés.

Et, ici, je m'adresse aux conservateurs, et laissant de côté toute autre considération que leur intérêt, je leur dis : — Vous tremblez de peur. Vous craignez à tout instant quelque nouveau bouleversement. Vous apercevez des légions de spectres qui vous épouvantent.

Vous avez cependant un moyen bien simple de les chasser, c'est de ne pas décourager l'activité, le travail, par votre régime fiscal. En ce moment, votre impôt fausse la répartition des richesses ; il est organisé de telle sorte que non-seulement il décourage l'épargne mais la rend impossible. Il limite le besoin de l'ouvrier au plus strict nécessaire. Il arrête toute entreprise à son premier pas. Il ôte l'espérance au travailleur. Il le menace de la misère. Il le maintient dans une inquiétude perpétuelle ; et c'est cette misère, c'est cette inquiétude qui couvent ces mouvements populaires dont vous avez si grand'peur.

Assurez à chacun la facilité de l'existence; donnez à chacun la sécurité du lendemain; ouvrez bien large devant lui le champ de l'activité humaine, il aimera mieux travailler que s'insurger.

Il y a un fait bien constaté, nous avons vu assez de révolutions et d'insurrections pour le savoir : c'est qu'on ne s'insurge pas pour son plaisir.

Enlevez toute cause sérieuse à l'insurrection, en n'entravant pas la satisfaction immédiate des besoins de l'homme, vous pourrez ensuite demeurer en repos : vous aurez coupé la racine de toute guerre sociale. Vous aurez enfin cette sécurité qui, avec les moyens dont vous vous êtes servis jusqu'à présent, tend à disparaître de plus en plus.

C'est quand nous aurons garanti la sécurité à tous par de prévoyantes mesures, que nous pourrons arriver à une moralité sérieuse. Jusqu'alors, hélas! le proverbe sera vrai : — Ventre affamé n'a point d'oreilles !

Mais, Messieurs, je ne me contente pas de parler ainsi. — Je donne l'exemple chez moi. — Permettez-moi de vous le dire, car cela prouve que j'ai au moins confiance dans mes théories.

Qu'est-ce que je désire dans mes usines? C'est que tout le monde s'y trouve aussi heureux que possible, c'est que chacun soit sûr du lendemain. Eh bien! est-ce que je vais faire payer un péage à mes ouvriers chaque fois qu'ils en passent les grilles? Au contraire, j'ai établi une caisse d'épargne, une caisse de secours, je bâtis des maisons, une école, etc.

Et je vais vous dire tout simplement mon secret : J'ai l'air de dépenser, j'y gagne.

Si moi, industriel, j'agis ainsi, à plus forte raison l'État, qui est le représentant de tout le monde, doit-il agir ainsi.

Au lieu de demander à celui qui n'a pas, il doit lui donner toute facilité d'acquérir par son travail, son intelligence et son activité.

Et qu'est-ce que la commandite, Messieurs? c'est une avance du capital au travail. Si l'impôt ne se présente que lorsque le travail a pris sa part, il joue un rôle analogue à celui du commanditaire, puisqu'il fait aussi crédit au travail.

Il doit faire plus encore : il doit faire en quelque sorte que chacun soit assuré de l'avenir.

Mais, Messieurs, cette nouvelle question nous entraînerait trop loin aujourd'hui.

Ah ! on dit : — Voilà des révolutionnaires ! voilà des perturbateurs ! Que sais-je encore ?

Eh bien ! Messieurs, je prétends que les véritables conservateurs sont ceux qui savent prévoir l'avenir ; que les vrais conservateurs sont ceux qui savent faire les sacrifices nécessaires pour en éviter de plus grands ; que les vrais conservateurs ne sont pas ceux qui ne veulent jamais faire un pas en avant, mais ceux, au contraire, qui se hâtent de renoncer à tous les préjugés, à tous les abus, à tous les errements de la routine, à tous les priviléges, petits et grands.

Moi, Messieurs, je vous le dis tout franchement et en toute sincérité : — Je suis conservateur

Seulement, je ne suis pas conservateur des abus.

Au contraire, je crois que partout où ils existent, on ne doit pas avoir de repos qu'on ne les ait déracinés et supprimés ; car, si on ne s'acharne pas à les détruire sans relâche, ils se greffent les uns sur les autres et finissent par tout envahir et tout étouffer.

Jadis, Messieurs, dans l'antiquité, dans les sociétés barbares où la force primait le droit, l'impôt était l'exploitation des peuples vaincus par les peuples vainqueurs.

Dans les sociétés monarchiques où un roi se considérait comme le maître absolu de tous ses sujets et par conséquent de leurs biens, l'impôt était l'exploitation du peuple par le roi.

Maintenant, au contraire, il ne doit plus en être de même : la nation ne formant qu'un vaste syndicat, dont le gouvernement n'est que le gérant, l'impôt est tout simplement une partie du capital national employée pour mettre le reste en valeur par des travaux publics, par le développement de l'instruction, ou pour couvrir les frais généraux de son exploitation, sous la forme de services publics, d'administration, de justice, de police, d'armée, etc.

Par conséquent, Messieurs, nous avons à nous inquiéter de ceci :

C'est de prélever facilement cette part du capital, cette part de la fortune générale qui est indispensable à la gestion des affaires du pays.

Au contraire, comme autrefois, dans notre système fiscal actuel, on se préoccupe encore beaucoup d'un vieux principe monarchique : Il faut que chacun paye. Il faut que chacun soit frappé. L'impôt est un tribut prélevé sur l'individu.

Je dis, au contraire : — Peu importe qui

paye! Ce n'est pas là ce dont je m'inquiète! Ce qu'il faut, c'est qu'une part du capital national soit consacrée à la mise en valeur et aux frais d'exploitation du reste. Nous le prenons tel qu'il est, partout où il est, sans nous inquiéter qui le possède; et il en résulte forcément ceci : c'est que chacun paye proportionnellement, dans une mesure exacte, au capital qu'il possède.

Quant à celui qui ne possède pas, qui n'a pas de capital, eh bien! il ne payera rien.

Pour beaucoup de gens, c'est un grand malheur. On en fait même un crime à l'impôt sur le capital.

Pour moi, c'est un bonheur dans certains cas ; dans les autres, c'est indifférent.

C'est un bonheur : car il y a un minimum de besoins qu'il faut ménager avec soin, qu'il ne faut pas atteindre. Si on a le malheur d'y toucher, on crée la misère. On est forcé de rendre par l'assistance publique ou par la prison ce qu'on a pris tout d'abord.

Mais on vient me dire : Voici un avocat qui gagne 30,000 fr. par an, et il ne payera pas, s'il les mange !

Messieurs, c'est certainement un grand malheur, mais qui ne m'afflige pas du tout. Si l'avocat ne capitalise pas lui-même, les fournisseurs entre les mains de qui il versera chaque année ses 30,000 francs capitaliseront tôt ou tard. Quand ils auront capitalisé, alors l'impôt leur demandera sa part.

C'est donc quand les 30,000 francs seront transformés en capital fixe qu'ils payeront l'impôt; tant qu'ils resteront capital circulant, ils ne devront rien payer. J'espère, Messieurs, qu'un autre jour nous pourrons revenir sur cette grave question des capitaux fixes et des capitaux circulants.

Jusque-là vous pouvez être bien convaincus que ces 30,000 francs n'auront pas été inutiles à l'augmentation de la richesse générale.

C'est cependant là, Messieurs, la considération qui donne à l'impôt sur le revenu une certaine faveur, parce qu'on n'a pas assez réfléchi à son caractère, permettez-moi de vous le dire.

D'abord, qu'est-ce que le revenu? Le revenu n'est pas une chose simple. Il se compose d'une foule d'éléments divers, difficilement appréciables. Il peut comprendre la rente, les profits, les salaires : cette rente, ces salaires peuvent avoir les origines les plus diverses. Où aller découvrir ces origines? Comment remonter à ces sources? Ne sera-t-on pas forcé d'avoir recours à une inquisition?

On cherchera mille expédients, et je vois les partisans de l'impôt sur le revenu ramenés, malgré eux, à des systèmes qu'ils combattent aujourd'hui. En effet, qu'est-ce que les impôts de consommation? Ce sont des impôts qui ont précisément pour but d'atteindre les revenus. Le législateur s'est dit : « Nous ne pouvons apprécier d'une manière exacte les revenus de chacun. Mais chacun consomme plus ou moins sur son revenu. Frappons la consommation. »

Tout système qui aura pour base l'impôt sur le revenu aboutira fatalement à la multiplicité et à la diversité des impôts, parce que, si habile que puisse être l'inquisition fiscale, elle ne parviendra jamais, par un impôt unique, à atteindre les divers revenus. A peu de chose près, nous resterons dans la même ornière.

Enfin, l'impôt sur le revenu est profondément inique.

Nous sommes trois propriétaires, ayant chacun 100,000 francs.

L'un est un gros paresseux. Il ne veut point

avoir de souci. Il choisit un bon placement, bien sûr, à 3 p. 100 par an, qui lui laissera toute tranquillité. Si l'impôt est de 10 pour 100 fr., il payera donc 300 fr.

Un autre achète des terrains. Ces terrains ne lui rapportent pas un sou de revenu. Seulement, il attend une expropriation qui doit leur donner une valeur double. Il ne paye pas un sou à l'impôt.

Enfin, un troisième met ses 100,000 fr. dans le commerce. Il se donne un mal du diable. Il court à droite et à gauche, au risque d'attraper des coups de tampon et des fluxions de poitrine. Il fait des consignations ; il risque son capital dans des opérations difficiles et aléatoires. Il parvient à obtenir de ses 100,000 francs un bénéfice de 30,000 francs.

Alors, voici ce qui arrivera, dans le système de l'impôt sur le revenu .

Tandis que le premier ne paye que 300 fr. ; tandis que le spéculateur sur les terrains ne paye rien, le troisième, qui, à force d'activité, de travail, d'intelligence, a, en fécondant ses capitaux, rendu service à la production générale de son pays, a contribué à l'extension de son industrie ou de son commerce, doit au fisc la somme de 3,000 fr.

Est-ce juste?

Il y a eu, du reste, Messieurs, un commencement d'application de l'impôt sur le capital, bien que cet impôt fût considéré, d'après la loi, comme impôt sur le revenu.

C'est l'impôt sur les bénéfices commerciaux des sociétés en commandite.

Il a pleinement réussi, puisque, tandis que les impôts indirects subissaient une moins-value, lui a subi une plus-value. Évalué à 24 millions, il a rapporté près de 32 millions.

Il est vrai que dans la forme, cet impôt s'adresse au revenu; mais cette forme n'est qu'une complication. Dans la pratique même, on l'élimine; et cet impôt sur le revenu se transforme réellement en impôt sur le capital, afin de simplifier les opérations fiscales.

On sait que la loi défend toute inquisition. Alors qu'en résulte-t-il? Un de mes amis, directeur d'une société dont la commandite est de 600,000 fr., craignait de voir sa déclaration discutée, et en même temps se trouvait fort embarrassé pour en déclarer le revenu qui est très-variable. Il alla trouver le receveur des contributions; il lui exposa sa situation, et, après discussion, il fut convenu à forfait que l'intérêt de ce capital de 600,000 fr. pouvait être établi sur la base de 5 p. 100. Il représentait par conséquent un revenu de 30,000 fr. L'impôt exigeant 3 p. 100 du revenu, la Société eut à payer 900 fr. par an.

Pourquoi donc ne pas arriver immédiatement à l'impôt sur le capital?

Allons donc au fond des choses, au lieu de nous effrayer des mots, et nous verrons immédiatement que l'impôt sur le capital doit être admis en principe par tous les partisans de l'impôt sur le revenu.

Du reste, j'ai déjà proposé une chose bien simple; qu'on en fasse l'expérience. Et pourquoi ne pas la faire? N'a-t-on pas frappé le capital que représentent les valeurs mobilières? Pourquoi donc ne pas frapper d'une manière uniforme toutes les choses qui constituent le capital national?

Je prends pour base les chiffres mêmes de M. Wolowski, qui estime à 160 milliards le capital de la France.

Je prends, d'un autre côté, le taux de l'impôt sur les bénéfices commerciaux des sociétés en commandite.

Les bénéfices sont frappés d'un droit de 3 p. 100. Pourquoi ce chiffre plutôt que tout autre? Enfin, on l'a adopté, et je m'en sers. En supposant que le revenu des valeurs mobilières soit de 5 p. 100, il frappe le capital de 1 1/2 p. 1,000 fr.

Pourquoi, je le répète, ne frapperait-on donc que les revenus des valeurs mobilières? Pourquoi ne pas étendre cette taxe, qui équivaut à 1 1/2 p. 1,000 du capital, aux 160 milliards qui, — d'après M. Wolowski lui-même, — composent la fortune de la France, tandis que dans ce moment elle ne s'applique qu'aux 21 milliards des valeurs mobilières qu'elle a pu atteindre? Pourquoi donc épargner 139 milliards? Cette taxe de 1 1/2 p. 1,000, étendue aux 160 milliards, nous donnerait aussitôt un chiffre rond de 240 millions.

N'est-il pas de toute justice que tous les capitaux soient frappés? Pourquoi donc ce privilége à rebours pour les valeurs mobilières?

Privilége d'autant plus singulier que les valeurs mobilières ne sont que la représentation de capitaux déjà frappés.

Un auditeur : Et la rente?

M. Menier : Messieurs, je ne frappe pas la rente. Je ne la frappe pas, parce que dans mon système je fais abstraction de l'homme, du détenteur de la fortune. Dans le système de l'impôt sur le revenu, basé, au contraire, sur l'individu, sur les ressources spéciales de chaque homme, la rente doit être forcément frappée.

Dans ce système, il serait injuste qu'il en fût autrement : puisque chacun doit payer, comment ne payerais-je pas? Pourquoi le détenteur de rente serait-il épargné?

Et c'est même en se plaçant à l'abri de cet argument, que certaines personnes essayent d'esquiver cette difficulté, et disent : Ce n'est pas la rente que nous frappons, c'est le rentier. Je ne m'arrête pas à cette subtilité, qui n'est qu'une logomachie.

En est-il de même avec l'impôt sur le capital? Est-ce que nous nous inquiétons, nous, quels sont les détenteurs du capital? Nous prenons une part de ce capital pour mettre le reste en valeur et l'exploiter. Voilà tout.

Or, qu'est-ce que la rente? C'est une dette. Si j'avais une hypothèque sur une maison, irais-je demander à cette hypothèque de me fournir des ressources? Non, à coup sûr. Je les prendrais sur mon actif et non sur mon passif.

Les partisans de l'impôt sur la rente ne réfléchissent pas à deux choses.

D'abord, lorsque l'État vous demande un prêt d'argent, dans certaines conditions déterminées, il est placé devant vous exactement comme un débiteur ordinaire. L'État doit, le premier, donner l'exemple du respect des conventions. De quel droit viendrait-il donc changer les conditions du contrat et ne plus payer qu'une partie de l'intérêt que primitivement il s'était engagé à lui fournir? Ne serait-ce pas la meilleure manière de tuer à jamais le crédit de l'État, dont la solidité, en France, est due aux garanties qu'on lui a toujours accordées depuis la Révolution?

Imposer la rente, c'est frapper sa dette, c'est-à-dire frapper son passif. Ce qu'on croira gagner d'un côté, on le perdra de l'autre. Il n'y a donc là qu'un dangereux et injuste artifice de comptabilité.

Nous avons un malheur : notre éducation classique, qui se paye de mots et tient peu de compte des choses, nous a habitués à nous enthousiasmer sans raison pour certains mots, et, par réciprocité, à avoir peur de certains autres mots sans plus de raison.

Il est temps que nous renoncions à cette mauvaise habitude, et que nous nous accoutumions, au contraire, à faire peu de cas des mots et à ne tenir compte que des choses.

C'est là ce qui fait la supériorité des Américains et des Anglais. C'est pour cela qu'ils ne restent pas obstinément cramponnés au passé, et que, lorsqu'une idée nouvelle se présente, ils finissent tôt ou tard par l'accepter si elle est juste.

Il est vrai que les Anglais et les Américains ont pris l'habitude de ne pas considérer la politique comme un luxe, mais comme une affaire. Ils ne mettent point toute leur confiance dans leurs gouvernants, car ils savent qu'il n'y a de réformes sérieuses et durables que celles qui sont imposées au législateur par l'opinion publique.

Or, Messieurs, jusqu'à présent, nos législateurs, nos ministres des finances ont fait de l'économie politique comme les alchimistes faisaient

de la science et comme les sorciers faisaient de
la médecine.

Il est temps, si nous voulons que la France se
relève, que notre industrie reprenne son essor,
que nous sortions de l'abîme dans lequel nous a
précipités la guerre, de nous mettre résolûment
à l'œuvre pour transformer tout notre régime
fiscal.

Il y a là non-seulement un intérêt particulier
pour chacun de nous, il y a un intérêt national,
une question de patriotisme; car ce sont les peuples riches qui sont les peuples forts.

Eh bien! Messieurs, nous ne pouvons nous relever qu'à la condition d'être affranchis de toutes
les entraves que les impôts mettent à la production et à la circulation.

En ce moment, nous produisons 15 ou 16
milliards chaque année : nous payons près de
3 milliards et demi; le fardeau est lourd et nous
fait plier les reins.

Eh bien! je vous le dis de nouveau, je ne
serais pas effrayé de payer un milliard de plus.

Mais à une condition, et cette condition est
bien simple : c'est que nous puissions faire de nos
capitaux tel usage que nous voulions; c'est que

devant nous, nous ne trouvions pas à tout instant le fisc pour nous barrer le passage ; c'est que nous ne soyons pas frappés par des taxes multiples et arbitraires qui peuvent tout d'un coup ruiner des branches complètes d'industrie.

Que ces procédés fiscaux disparaissent, et cela ne m'épouvante pas de faire la part large au fisc ; car alors, comme nous pourrons produire le double et le triple de ce que nous produisons si nos frais généraux augmentent, nous les supporterons beaucoup plus facilement.

Car, disons-le bien haut : malgré les malheurs que nous avons subis, nous sommes pleins de vitalité et d'énergie : si notre industrie languit, si nous ne sommes plus au premier rang des nations, c'est grâce à notre mauvais système fiscal qui arrête chacun de nos efforts, paralyse chacun de nos mouvements, qui, reposant sur l'antagonisme des intérêts, détruit toute solidarité.

Je n'en veux pour preuve que les 246 millions de frais de perception que nous coûte le budget de l'État, et que l'impôt sur le capital, je le dis sans hésitation, peut réduire de 200 millions.

Telles sont, Messieurs, les considérations que je voulais vous présenter.

J'ai été amené à me faire un des promoteurs de l'impôt sur le capital :

Parce que l'impôt sur le capital représente la justice : chacun paye en proportion des choses qu'il détient sur la richesse totale, et cet impôt épargne le minimum de besoins indispensables à l'existence humaine ;

Parce que l'impôt sur le capital est l'affranchissement du travail, est la suppression de tous les obstacles que dressent en face de lui les impôts sur la production et la circulation ;

Parce que l'impôt sur le capital est un crédit fait à la fortune en formation qui facilite l'accession du plus grand nombre au capital.

Étudions toutes ces graves questions, Messieurs : Réunissons-nous tous, hommes sincères, de bonne volonté, sans prévention, et cherchons à arriver à une solution qui, en respectant tous les droits, donne satisfaction à tous les intérêts.

Je n'ai d'autre prétention pour mon compte que d'apporter ma part d'efforts à cette réforme si importante et si indispensable à la stabilité de la République.

MEAUX. IMPRIMERIE E. BOUCHER, 35, RUE DU TAN.

www.ingramcontent.com/pod-product-compliance
Lightning Source LLC
Chambersburg PA
CBHW061343050726
47595CB00005B/2055